26 CHOSES À VOIR ABSOLUMENT EN SUISSE

Tatiana Tissot

ISBN : 978-2-940481-17-0
Édition : Helvetiq
Conception graphique : Florian Bellon
Relecture : Jean-Paul Käser, Aline Fournier
Première publication : juillet 2016

Crédits photos

KEYSTONE

&

James Rinaldi (Lac de Tanay)
Claudia Link (Gandria, Morcotte, Carouge)
Jura Tourisme (Saint-Ursanne)
Y.Eigenmann (Gruyères)

Merci / Danke / Grazie / Thank you

Jean-Paul Käser, Laurent Gilliéron, Sabine Faust
Kira Gudenrath, Filipe Dos Santos

Dépôt légal en Suisse

Juillet 2016
Bibliothèque Nationale Suisse, Berne

www.helvetiq.ch

26 CHOSES À VOIR ABSOLUMENT EN SUISSE

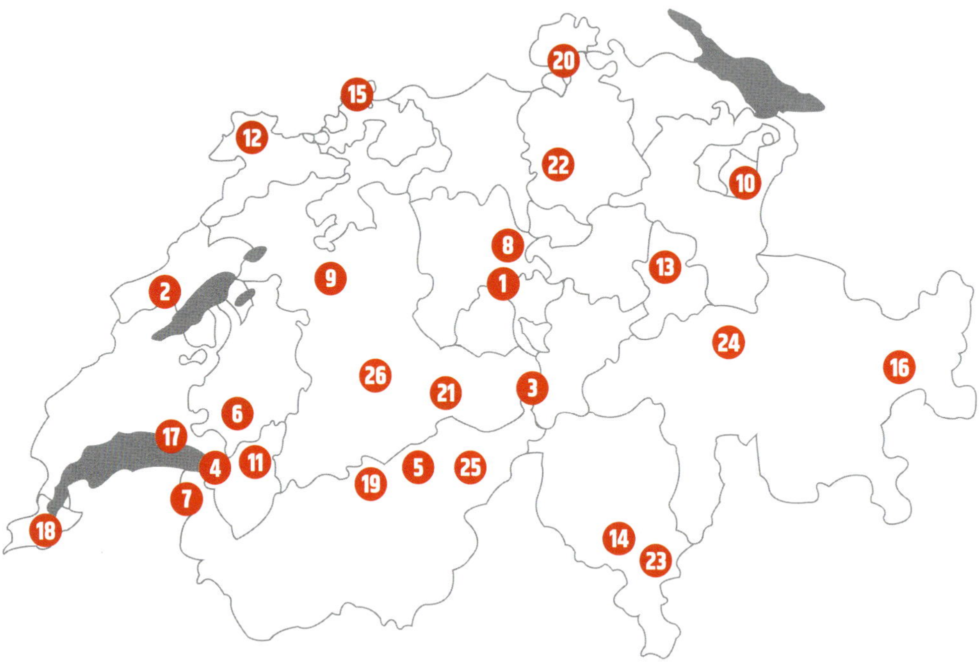
20
15
12
22
10
8
9
13
2
1
24
16
26
21
3
6
17
4
11
5
25
19
7
18
14
23

SOMMAIRE

La Suisse vous fascine ?
Partagez votre expérience

#26CHOSES

1 LE PILATUS

UN PANORAMA ENTRE LAC ET ALPES

C'est quoi ? Le Pilatus, aussi appelé Mont Pilate, culmine à 2132 mètres d'altitude dans la région de Lucerne, en Suisse centrale. Par temps dégagé, un panorama à couper le souffle se déroule depuis son sommet. Le lac des Quatre-Cantons fait alors écho au bleu du ciel, et les montagnes environnantes semblent prendre racine directement dans ses eaux.

S'il a la météo de son côté, le visiteur pourra compter sur ses doigts 73 sommets alpins ! En tournant la tête, on découvre une autre facette du pays. Le plateau suisse s'étend à perte de vue, si plat qu'il offre un contraste saisissant.

Saupoudrez le lieu d'une dose de légendes locales, mettant en scène des dragons ou la dépouille de Ponce Pilate, et vous obtenez une destination hautement touristique ! Bonus : avec un peu de chance, vous aurez même droit à un concert de cor des Alpes au sommet.

Pourquoi s'y rendre ? Pour la vue ! Une fois sur place, il est possible de randonner et de s'éloigner ainsi de la station de Pilatus-Kulm, très fréquentée. Il faut choisir son camp : il y a ceux qui mangent une saucisse à la buvette, et ceux qui préfèrent pique-niquer dans la nature, au milieu de ce paysage de carte postale suisse. Avec l'espoir de saluer des bouquetins.

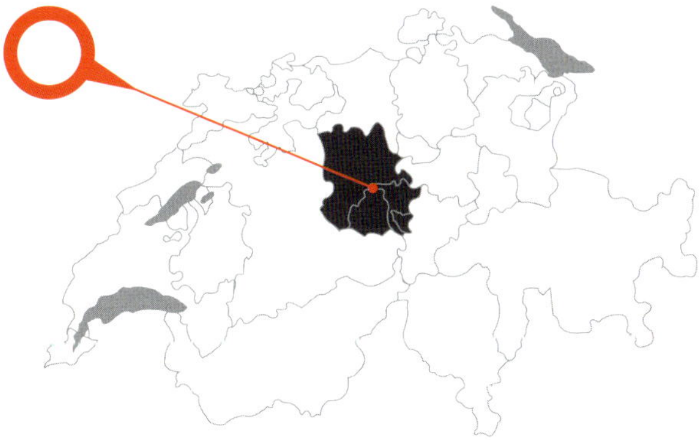

LE PILATUS

Comment y aller ? Il y a deux voies pour atteindre le sommet du Pilatus. Celle des sportifs, et celle des sages. À pied, la balade prend 3 heures, et attention les mollets, ça grimpe ! Pour une journée plus relax, il existe deux moyens de transport. Le petit train à crémaillère, qui se targue d'être le plus raide du monde, vous hissera jusqu'au sommet en une demi-heure depuis la gare d'Alpnachstad.

Sur un autre versant, un téléphérique assure la liaison de Kriens au sommet du Pilatus. Un pass permet d'emprunter la voie royale, et d'effectuer une boucle par ces deux moyens de transport, avec en prime un trajet en bateau depuis Lucerne.

Que faire d'autre dans le coin ? Ne manquez pas de visiter la vieille ville de Lucerne, ou de vous diriger vers la Plaine du Grütli, un lieu à la portée hautement symbolique. Selon les mythes fondateurs de la Suisse, c'est là que le pacte de la Confédération fut conclu en 1291. Un parcours de VTT exigeant part aussi d'Alpnachstad, le « o-tour Bike West ».

LE TRAIN À CRÉMAILLÈRE LE PLUS RAIDE DU MONDE

Le petit train à crémaillère du Pilatus peut se vanter d'être le plus raide du monde, avec une pente qui atteint les 48 % sur son tronçon le plus abrupt ! La dénivellation moyenne du chemin de fer est de 38 %. Inauguré en 1889, le train a d'abord fonctionné grâce à une locomotive à vapeur avant d'être électrifié en 1937. Il mène ses voyageurs à travers les alpages, et durant le trajet, certains passages à flanc de falaise donnent le vertige !

2 LE CREUX DU VAN

UN CIRQUE AUX PAROIS À PIC

C'est quoi ? Situé au Val-de-Travers, dans le canton de Neuchâtel, le Creux du Van est un imposant cirque rocheux sculpté par les glaciers et les ruisseaux. Du haut de la falaise, le paysage du Jura s'ouvre sur un amphithéâtre spectaculaire aux parois abruptes.

De quoi donner le vertige, surtout quand on jette un coup d'œil en contrebas ! Le visiteur aura tout loisir d'admirer la vue en se baladant le long de la crête rocheuse, car un sentier suit son pourtour et flirte avec le précipice.

Entouré de falaises hautes de 160 mètres, le cirque mesure plus d'un kilomètre de diamètre. Les plus chanceux y apercevront des bouquetins ou des chamois, ces agiles habitants des lieux. Visez le sommet du Soliat, de là-haut, on embrasse un panorama sur le lac de Neuchâtel.

Comment s'y rendre ? Ceux qui souhaitent se dégourdir les jambes s'attaqueront à un dénivelé de 700 mètres, depuis la gare de Noiraigue. Les autres parqueront leur voiture au sommet, tout simplement. Là, la Ferme du Soliat permet de se restaurer, à quelques centaines de mètres du site. Elle propose aussi des dortoirs. Infos pour les randonneurs, deux chemins mènent de Noiraigue au sommet du cirque : le sentier des 14 contours, par les Oeillons, ou le sentier du Single, plus exigeant, qui passe par la Ferme-Robert.

Que voir d'autre dans le coin ? Au choix : poursuivez la journée avec une jolie randonnée dans les Gorges de l'Areuse, entre Noiraigue et Boudry. Durant 3 heures, on suit le fil de la rivière en traversant des ponts de pierre.

Une rando bière* permet même de terminer la balade dans une brasserie artisanale de Cortaillod, une « vouivre » à la main ! Autre curiosité toute proche, les mines d'asphalte désaffectées du Val-de-Travers sont ouvertes au public. La vieille ville de Neuchâtel se trouve aussi à un saut de puce de là.

LA VALLÉE DE L'ABSINTHE

Le Val-de-Travers est réputé pour être le berceau de l'absinthe, cette boisson alcoolisée à base de plantes aussi appelée « fée verte ». Née au XVIIIe siècle, elle sera exportée autour du monde jusqu'en 1910... Puis c'est la période de la prohibition, car cet alcool accusé de rendre fou est interdit.

Or les distillateurs du cru ne manquent pas de caractère, et poursuivront leur production dans la clandestinité tout au long du XXe siècle. Ce n'est que depuis 2005 qu'ils peuvent à nouveau utiliser leurs alambics au grand jour ! Pour déguster une « bleue », autre sobriquet de ce produit de terroir, prenez rendez-vous dans une des distilleries artisanales de la vallée.

*Voir *Randos bière en Suisse* de Monika Saxer, chez le même éditeur

3 LES GRANDS COLS

UN PARCOURS TOUT EN CONTOURS ET EN CONTRASTES

C'est quoi ? Différents parcours permettent de se lancer dans un *road trip* helvétique à la conquête des cols. Ces routes traversent des paysages extrêmes et promettent des panoramas à couper le souffle, parfois à plus de 2000 mètres d'altitude ! Les circuits serpentent entre des parois de granit imposantes et des blocs de neige, contournent un lac de montagne ou offrent un point de vue inégalé sur une vallée.

Une expérience à prévoir sur un week-end, ou plus pour les passionnés ! Il est par exemple possible d'aligner les cols du Susten, du Grimsel et celui de la Furka, qui mène du Valais au canton d'Uri. Après avoir franchi le col du Nufenen, qui sépare le Valais du Tessin, on peut poursuivre vers les cols du San Bernardino et de la Bernina, qui déploient leurs parcours en lacets du côté des Grisons.

Sinon, une excursion classique en moto est le circuit des quatre cols. La boucle passe par les cols du Grimsel, du Nufenen, du Gothard et du Susten. Certaines étapes traversent des sites spectaculaires, particulièrement arides.

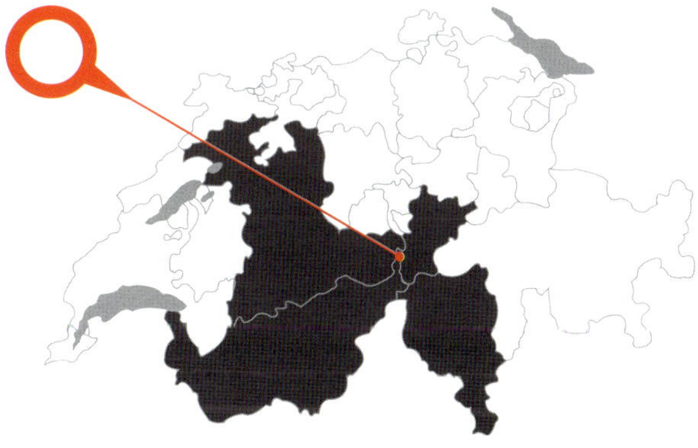

LES GRANDS COLS

Comment y aller ? En voiture ou en moto. Les plus sportifs oseront se lancer dans le challenge de gravir un col… à vélo ! Pour ceux qui ne jurent que par les transports publics, des offices de tourisme proposent des circuits sur les cols en car postal.

Notez que les cols sont fermés durant l'hiver : vérifiez leur accessibilité avant le départ. Certains d'entre eux ne reprennent du service qu'en mai ou même juin, et deviennent inaccessibles dès le mois d'octobre.

Une variante… à pied

Gravir des cols à pied, c'est possible aussi ! Le Chemin des cols alpins permet de profiter de ces paysages en randonnant de Coire à Saint-Gingolph. Cet itinéraire en 33 étapes passe par les plus beaux cols des Grisons et des Alpes valaisannes, du haut plateau de la Greina à des lacs au pied des Dents du Midi. Pour se lancer sur un de ces tronçons de moyenne montagne, il faut toutefois avoir une bonne condition physique.

EN HAUT DU GRAND SAINT-BERNARD

Une autre attraction attend les visiteurs au col du Grand Saint-Bernard. La route mène de la Suisse à l'Italie et culmine à 2473 mètres d'altitude. C'est là-haut, à côté d'un lac de montagne, que se trouve l'Hospice du Grand Saint-Bernard. Ce monastère accueille toute l'année les pèlerins et randonneurs… avec pour attraction des hôtes à quatre pattes !

Les chiens de race Saint-Bernard, emblématiques de la Suisse, étaient en effet historiquement élevés sur le col. Dressés traditionnellement pour le sauvetage en montagne, ils ont sauvé bien des vies humaines ! À présent, la lignée de chiens est élevée à Martigny par la Fondation Barry, mais des bêtes passent l'été sur les hauteurs pour le plus grand plaisir des promeneurs.

Sustenpass
2224 ü M

HO
GLETSCH

EL
RESTAURANT
EDERE

4 CHÂTEAU DE CHILLON

UN MONUMENT POSÉ SUR LE LÉMAN

C'est quoi ? Ce château médiéval entouré par les eaux semble flotter sur le lac Léman. L'imposant monument a été bâti sur un îlot rocheux, à côté de Montreux. Relié à la berge par un pont, il voit sa silhouette pittoresque se détacher devant les Dents du Midi. L'image serait digne d'un conte de fées, si ses vieux murs n'avaient été les témoins d'une histoire bien sombre.

Les souvenirs de souffrances passées hantent ses légendaires souterrains aux arches gothiques. Ici furent emprisonnés et torturés sorcières et hérétiques, brigands et révolutionaires. Le plus célèbre prisonnier de Chillon, Bonivard, devint même le héros d'un poème de Lord Byron. Il aura ainsi contribué malgré lui à la popularité de sa geôle !

Le château vaut le détour, avec ses salles d'armes, tours et remparts, qui semblent n'avoir pas pris une ride au fil des siècles. Preuve que Chillon était bien gardé ! À noter : le château retrouve une ambiance enjouée et ses pierres sont à nouveau foulées par des chevaliers à la fin de l'année, lors d'un marché médiéval.

Comment s'y rendre ? Par les transports publics : le château de Chillon se rejoint en bus depuis Montreux, ou en bateau. Vous pouvez éventuellement aussi tenter le canoë ou le pédalo, mais c'est à vos risques et périls. Pour les moins téméraires, le site dispose d'un parking.

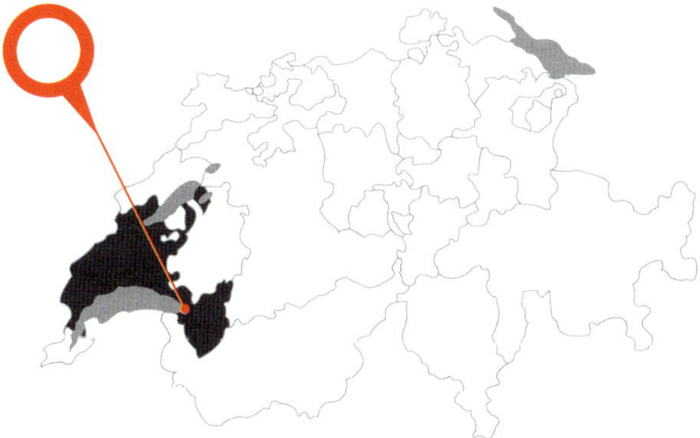

CHÂTEAU DE CHILLON

Que faire d'autre dans le coin ? Prendre le train à crémaillère pour les Rochers de Naye depuis Montreux, et découvrir un point de vue imprenable sur le lac Léman, à plus de 2000 mètres d'altitude. Visiter le village d'Yvorne et se balader dans ses vignes, face aux Dents du Midi. Se rendre à Aigle pour une dégustation de vin au cœur du Chablais. Profiter de la promenade panoramique face au lac dans la petite ville de Vevey. Visiter le musée dédié à Charlie Chaplin, dans son manoir familial situé à Corsier-sur-Vevey. La ville de Lausanne, avec son vieux bourg, sa cathédrale et ses musées, n'est pas très loin non plus !

UNE INSPIRATION POUR LES ARTISTES

La double barrière de la pierre et des flots faisait de notre cachot une tombe vivante.
Lord Byron, Le prisonnier de Chillon

Ce site romantique à souhait a inspiré de nombreux artistes. Des peintres tels que Eugène Delacroix ou Gustave Courbet et des écrivains comme Victor Hugo, Alexandre Dumas ou Jean-Jacques Rousseau furent sensibles à ses charmes.

Ce dernier situe une scène du roman la *Nouvelle Héloïse* au Château de Chillon. Mais la contribution la plus célèbre à la renommée du site est celle du poète anglais Lord Byron. Impressionné par les geôles voûtées, placées sous le niveau de l'eau, il leur dédia un long poème mélancolique.

Il adapta librement l'histoire de François Bonivard, emprisonné plusieurs années suite à un conflit avec les ducs de Savoie, pour décrire avec lyrisme les souffrances d'un homme dans cette prison de pierre et d'eau. En plus de signer ce poème, Lord Byron grava son nom sur un des piliers des souterrains, en bon touriste !

Her: Cristoffel Steiger
gewesner Landv: zu Lentzburg
mals Seckelmeister der statt
Bern Weltscher Landen, 1714.

5 FAFLERALP

IMMERSION DANS LA VALLÉE DU LÖTSCHENTAL

C'est quoi ? Entourée de petits lacs de montagne et de glaciers, Fafleralp se situe dans un décor idyllique, tout au bout du Lötschental. De là-haut, on profite d'une vue sur cette vallée sauvage et encaissée, entre les Alpes bernoises et valaisannes.

Le tableau : des petits villages typiques, composés de chalets en bois sombre traditionnels, sont cernés par les forêts de mélèzes. Ils ont pour horizon une série de sommets alpins imposants. Destination au caractère authentique, la région attire surtout des marcheurs avides de tête à tête avec la nature. Une randonnée prisée est celle du Chemin des crêtes du Lötschental.

Durant trois heures, le promeneur s'extasie devant les torrents qui jaillissent des glaciers dans ce paysage alpin, traverse des forêts et des prés ponctués de fleurs de montagne. Le chemin passe aussi à côté du pittoresque lac Noir, à l'atmosphère reposante.

Comment s'y rendre ? Fafleralp est rattachée à la commune de Blatten, dans le canton du Valais. Par les transports publics, prendre le train jusqu'à Goppenstein, puis sauter dans un car postal à destination de Fafleralp. C'est le terminus !

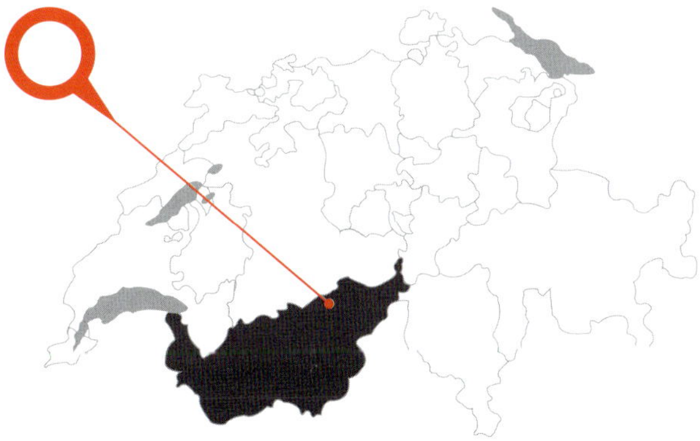

FAFLERALP

Que faire d'autre dans la région ? Voir des villages typiques de la vallée, comme Ferden, Kippel, Wiler ou Blatten. Passer la nuit à l'Hôtel Fafleralp, un chalet centenaire. Pour ceux qui veulent dévaler les pistes, direction le domaine de Lauchernalp.

Autre point d'intérêt dans la région : le célèbre glacier d'Aletsch, un imposant fleuve de glace classé au Patrimoine mondial de l'Unesco (voir Riederalp, chapitre 25). C'est le plus grand glacier des Alpes, et un lieu à ne pas manquer !

LA VALLÉE DU LÖTSCHENTAL ET SES TERRIBLES TSCHÄGGÄTTÄ

Le folklore est encore bien vivant en Valais, dans la vallée du Lötschental ! Chaque année, pour le carnaval, les effrayants Tschäggättä attendent la tombée de la nuit pour arpenter les villages et effrayer les enfants... ainsi que les visiteurs curieux ! Les faces monstrueuses et grimaçantes sont sculptées à la main à partir du bois d'un conifère alpin, l'arolle. Des peaux de chèvre ou de mouton et une cloche suspendue à la ceinture complètent l'accoutrement de ces inquiétants personnages.

À noter : certains sculpteurs de la vallée organisent des ateliers pour réaliser son propre masque de Tschäggättä ! Si on se sent l'âme d'un artiste, se renseigner auprès de l'Office de tourisme du Lötschental.

6 GRUYÈRES

UN CHÂTEAU AUX REMPARTS MASSIFS ET SON BOURG MÉDIÉVAL

C'est quoi ? Le château de Gruyères est perché sur une colline de la campagne fribourgeoise, avec vue sur les Préalpes. Blotti à ses côtés, son bourg médiéval vaut le détour avec son charme pittoresque.

Aucune voiture ne roule sur ses pavés préservés, et l'ambiance est folklorique entre les murs de la cité ! Preuve si nécessaire de la popularité touristique des lieux, c'est vêtus de costumes traditionnels que les serveurs des restaurants officient. Ils invitent les visiteurs à déguster une bonne fondue moitié-moitié. Il faut préciser que le lieu a donné son nom au célèbre fromage suisse, un S en moins. Notez aussi que le château se visite, et abrite une belle salle des chevaliers ornée de peintures murales.

Comment s'y rendre ? En train, s'arrêter à Gruyères gare, inspirer profondément et compter sept minutes de marche pour gravir la colline et se retrouver aux portes de la cité médiévale. Différents parkings gratuits entourent également le site.

Pour les personnes ayant des difficultés à marcher (ou la flemme), un bus des transports publics fribourgeois conduit les passagers à l'entrée de la cité, à l'arrêt Gruyères, ville.

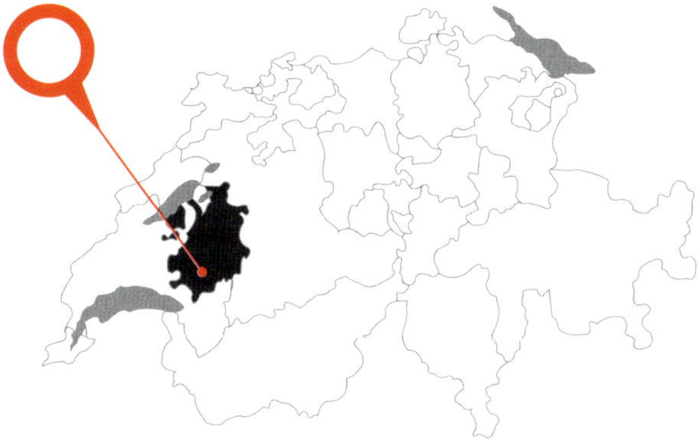

GRUYÈRES

Que faire sur place ? Une petite faim ? Goûtez la fondue régionale, la moitié-moitié, composée à 50-50 de gruyère et de vacherin. Pour le dessert, la double-crème de Gruyères, à déguster avec des meringues, est toute indiquée.

Sinon, ne manquez pas de prendre un verre au bar HR Giger, dont le décor évoque le film *Alien* ! En face de cette adresse insolite, un musée entier est dédié à l'artiste suisse, célèbre pour son travail sur les plateaux du cinéma de science-fiction.

Que voir d'autre dans la région ? Grimper en haut du Moléson, pour le point de vue, qui est accessible en funiculaire et téléphérique. Gambader dans les alpages du Pays-d'Enhaut : ce parc régional déroule ses paysages sur 500 km². Pagayer sur le beau lac de la Gruyère, le temps d'une excursion en canoë ou en kayak. Les gourmands peuvent aussi visiter la fabrique de chocolat Cailler à Broc, et les hédonistes plonger dans des bains thermaux à Charmey.

LE GRUYÈRE, FIERTÉ FROMAGÈRE DE LA RÉGION

Le gruyère, sans doute une des pâtes dures helvétiques les plus célèbres, est né dans la région ! La fabrication de fromage y est d'ailleurs déjà mentionnée dans des chroniques datant du XIIe siècle. Protégé par une AOP, le gruyère est de nos jours fabriqué dans une zone de production réunissant notamment les cantons de Fribourg, Vaud, Neuchâtel et du Jura.

Diverses fromageries ouvrent leurs portes au public pour dévoiler leurs coulisses… La plus proche est la Maison du Gruyère, au pied du bourg médiéval, où vous pourrez observer de vos propres yeux comment le fromage est brassé dans d'immenses cuves, avant d'être moulé.

Il est ensuite affiné plus ou moins longtemps, et selon sa durée de maturation porte le nom de « doux », « mi-salé », « salé ». À chaque degré, il gagne en goût ! Rappelons aussi utilement que le gruyère suisse n'est absolument pas le même produit que le gruyère français, reconnaissable à ses trous.

7 LAC DE TANAY

UN PETIT PARADIS DE MONTAGNE DANS LE CHABLAIS

C'est quoi ? Le lac de Tanay est une tache bleu sombre entourée de sommets, dans le Chablais. Cette réserve naturelle située à 1400 mètres d'altitude est lovée dans un paysage de moyenne montagne.

Pour l'aspect bucolique, on peut compter sur les chalets en bois qui le surplombent et jouent à cache-cache entre les conifères. Les pitons rocheux des Jumelles, le Grammont, Chambairy et le Tâche dominent les lieux, et leur apportent encore une touche de caractère.

Ce petit paradis se prête à merveille à la randonnée – et il faut d'ailleurs être prêt à marcher un peu pour le mériter ! Durant les beaux jours et les week-ends, trois auberges accueillent les visiteurs aux abords du lac.

Comment s'y rendre ? Rejoindre la commune de Vouvry et se diriger vers le village de Miex qui en fait partie. Un parking gratuit se trouve au terminus de la route, au lieu-dit Le Flon. Ce point est aussi accessible en car postal. De là, un chemin grimpe dans la forêt et permet d'entamer l'ascension jusqu'au col de Taney, et à son panorama. Il faut en tout compter une heure de marche pour rejoindre le lac, au prix de 400 mètres de dénivelé.

Les personnes ayant des difficultés à se déplacer peuvent faire appel à un service de taxis 4X4, qui parviennent à accéder au site.

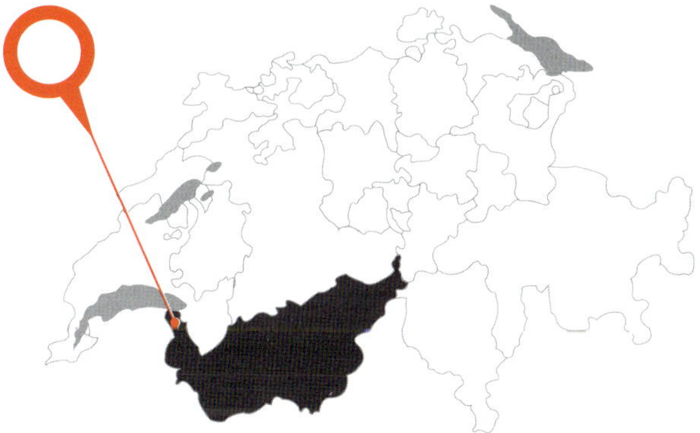

LAC DE TANAY

Que faire sur place ? Une fois au bord du lac de Tanay, les motivés du mollet sentiront l'appel des nombreux sentiers de randonnée. Les autres pourront profiter oisivement des rives du lac – et éventuellement se baigner, car l'eau est fraîche ! En se baladant par ici, on aperçoit des bouquetins et des marmottes avec un peu de chance… Une randonnée mémorable est celle du Grammont : depuis son belvédère, une vue plongeante se dévoile sur le lac Léman (difficulté : moyenne).

Les plus endurcis rejoindront les fameuses Cornettes de Bise, un parcours en boucle très exigeant, avec 1190 mètres de dénivelé en 5 h 30 de marche. Après l'effort, le réconfort : il faut goûter au fromage de l'alpage de Loz !

UN REFUGE POUR LES SALAMANDRES

Le lac de Tanay se trouve dans le Chablais valaisan, entre le lac Léman et le massif du Mont-Blanc. Le lieu domine la vallée du Rhône et se situe tout près de la frontière franco-suisse avec la Haute-Savoie. Cet écosystème abrite en plus une réserve naturelle, très appréciée des amphibiens. Diverses espèces de grenouilles aiment frayer sur les rives du lac, et le promeneur attentif pourra même espérer apercevoir la salamandre des Alpes ! À l'inverse des humains, celle-ci préfère sortir par temps pluvieux et rester à l'ombre de la forêt…

CASINO

8 LUCERNE

UNE VIEILLE VILLE ENCHANTÉE AU BORD DE LA REUSS

C'est comment ? Avec sa vue imprenable sur les montagnes et sa vieille ville pittoresque, Lucerne est une des villes les plus visitées de Suisse ! Son monument emblématique est le Kapellbrücke, un pont couvert en bois qui enjambe la rivière Reuss. Il permet un accès bucolique au cœur du centre historique, à quelques minutes de marche de la gare. C'est ensuite le nez en l'air que les visiteurs admirent les belles façades du vieux Lucerne, ornées de fresques colorées.

La déambulation est d'autant plus agréable que le centre est piéton ! Selon les événements culturels de la ville, des concerts ou autres manifestations rythment la balade. Au moment de prendre un café ou de manger un morceau, les terrasses au bord de la rivière, avec vue sur le pont, ont la cote. Depuis le pont, il est facile de reconnaître les clochers des églises les plus connues de la ville. La Hofkirche possède deux tours pointues, alors qu'au bord de la rivière, une église jésuite du XVIIe siècle frappe les esprits avec son architecture baroque.

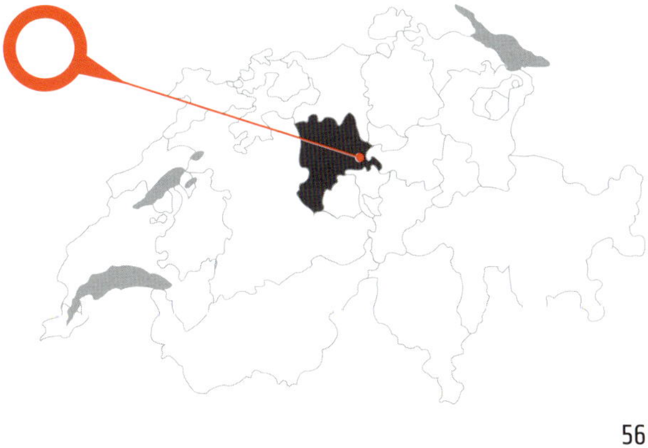

LUCERNE

Que faire d'autre à Lucerne ? Aller admirer la monumentale sculpture du lion mourant, taillée à même la roche. Ce monument qui inspire le recueillement rend hommage aux mercenaires suisses, morts aux Tuileries au service du roi de France en 1792. Autre classique : arpenter le mur d'enceinte de la Musegg datant du XIIIe siècle. Ses tours de garde offrent une vue sur le lac des Quatre-Cantons et les montagnes.

S'il fait beau, un tour en bateau à vapeur sur le lac permet aussi de profiter d'une vue fantastique. En plus, le Musée des Transports est très réputé, et vaut une visite. Penser à se renseigner aussi sur les nombreux festivals qui rythment la vie lucernoise (cinéma, musique classique, carnaval, BD…).

Comment s'y rendre ? Le plus simple : arriver en train, car la vieille ville se trouve à cinq minutes à pied de la gare de Lucerne. Le mur d'enceinte de la Musegg reste aussi accessible depuis la vieille ville (dix minutes de marche depuis le pont), tout comme le monument du lion (quinze minutes).

Envie d'une excursion à la montagne ? Lucerne est toute proche de trois sommets offrant un beau panorama sur le lac des Quatre-Cantons. Am stram gram, à vous de choisir entre une excursion sur le Rigi, le Mont Pilate ou le Stanserhorn.

L'INCENDIE DU PONT DE LUCERNE

Le Kapellbrücke, ou pont de la Chapelle en français, a connu une tragique histoire. Ce trésor du patrimoine est considéré comme le pont couvert le plus ancien d'Europe. Il a fidèlement permis aux Lucernois de traverser la Reuss à pied depuis l'époque médiévale, avant d'être en grande partie détruit lors d'un incendie survenu durant l'été 1993.

C'est avec une vive émotion que les Lucernois ont vu leur pont brûler, et l'événement reste un traumatisme national. L'enquête conclut à un accident, et efficacité suisse oblige, le pont fut restauré en neuf mois !

9 BERNE

LA VILLE FÉDÉRALE AU CACHET INIMITABLE

C'est comment ? Impossible de ne pas tomber sous le charme de la capitale de la Suisse, avec ses longues arcades, ses fontaines fleuries et ses façades médiévales. Son centre est un incontournable, où les ruelles se parcourent à pied. Une de ses attractions les plus célèbres est la Zytglogge, la tour de l'horloge astronomique. Lorsqu'elle sonne, de petits personnages mécaniques s'animent sur sa façade. À deux pas de là se trouve le Palais fédéral, centre névralgique de la politique suisse.

Son esplanade panoramique domine l'Aar, la rivière qui ceinture la cité. Au bord de celle-ci, le vieux quartier de la Matte vaut une petite promenade. Ensuite, pour embrasser une vue en hauteur sur la ville et les reliefs de l'Oberland bernois, il est judicieux de grimper au sommet de la tour gothique du Berner Münster, la collégiale. Mais cette vue à cent mètres de haut se paie : il faut courageusement gravir 344 marches en colimaçon !

Comment se rendre à Berne ? Le train est la solution la plus pratique : la gare CFF se trouve au cœur de la ville.

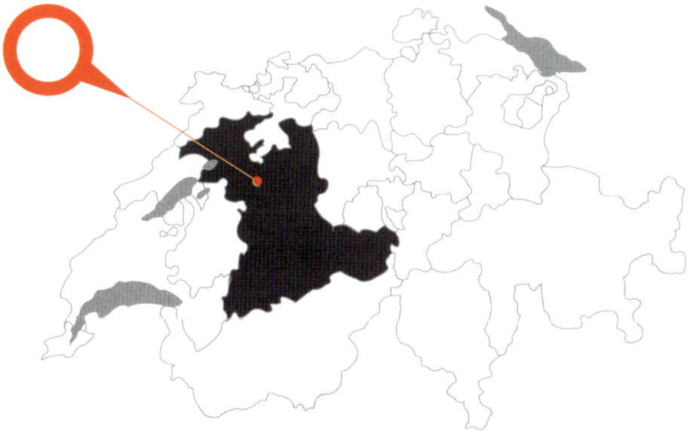

BERNE

Que voir d'autre dans la ville ? L'ours est l'emblème de Berne, et la ville en hébergeait il y a quelques années encore dans une fosse. Le bien-être des bêtes a été amélioré, et elles ont désormais un parc où s'ébattre au bord de l'Aar ! Côté culture, pourquoi ne pas découvrir le Palais fédéral lors d'une visite guidée, le Centre Paul Klee à l'architecture spectaculaire ou la maison Albert Einstein ?

Mais il y a bien d'autres musées de qualité à Berne ! En vous baladant au centre ville, recherchez aussi les adresses dans les petites caves, si typiques ! Berne est aussi réputée pour sa culture alternative : n'hésitez pas à y sortir le soir, à la Reitschule ou à la Turnhalle par exemple.

PLOUF ! LA BAIGNADE EN VILLE A LA COTE EN SUISSE ALÉMANIQUE

Berne a été construite dans un méandre de l'Aar... Pour la plus grande joie des baigneurs ! En effet, l'eau est suffisamment propre pour permettre cette activité, fort prisée l'été. Les nageurs les plus expérimentés parviennent même à remonter le courant, jusqu'au niveau du Palais fédéral.

Mais Berne n'est pas la seule ville de Suisse allemande où on plonge la tête la première dans un cours d'eau ! Les Zurichois et les Bâlois partagent cet engouement. Ces derniers ont même pour coutume de se jeter dans le Rhin, leurs vêtements harnachés dans un sac étanche. Malins, ils se laissent ainsi déporter par le courant, en emportant leurs affaires avec eux !

CURIA CONFOED

ONIS HELVETICAE

Gasthaus Aescher-Wildkirchli

10 AESCHER-WILDKIRCHLI

UNE ADRESSE PITTORESQUE DANS LE MASSIF DE L'ALPSTEIN

C'est quoi ? Le massif de l'Alpstein en Appenzell abrite une curieuse auberge, le Gasthaus Aescher-Wildkirchli. Ce chalet en bois sur l'Ebenalp semble comme encastré dans la roche, au pied d'une falaise de 100 mètres de haut ! On y loue un lit dans un dortoir, ou on y croque un morceau en admirant la vue.

Une idée pour rejoindre les lieux : entreprendre la marche de trois heures partant de la gare de Wasserauen. Elle permet d'accéder au lac Seealp, une escale avec vue sur le majestueux Säntis, le plus haut sommet du massif qui culmine à 2500 mètres.

La suite du trajet conduit jusqu'à l'étonnante auberge, où il sera temps de faire une halte pour se reposer ! En grimpant là-haut, on assiste à un changement de paysage drastique entre les collines rondes du plateau et les pics abrupts du massif. Un réseau de chemins de randonnée de tous les niveaux permet en plus d'explorer la région.

Comment s'y rendre, mais sans faire d'effort ? Pas de panique, le sommet de l'Ebenalp est aussi accessible en téléphérique depuis Wasserauen. Depuis la station, il faut alors traverser un étonnant tunnel dans la roche pour rejoindre l'auberge d'Aescher-Wildkirchli.

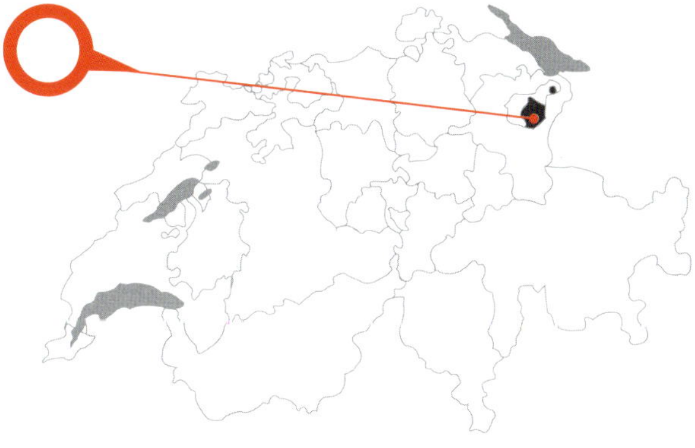

AESCHER-WILDKIRCHLI

Que faire d'autre dans le massif de l'Alpstein ? Les adeptes de sensations fortes noteront qu'Ebenalp est un lieu idéal pour s'essayer au vol en parapente !

Moins d'adrénaline mais une note originale, un sentier « pieds nus » de cinq kilomètres est proposé entre Jakobsbad et Gontenbad. À vous les flaques de boue, la douceur de l'herbe qui chatouille les orteils et les petits graviers.

Le sentier géologique de l'Alpstein ravira lui les amateurs de minéraux et de fossiles. Durant une randonnée de trois heures, on observe le travail de l'érosion, les plis et les failles, commentés par des panneaux explicatifs. Ce chemin d'altitude est accessible en téléphérique depuis Brülisau.

En plus de ces plaisirs au grand air, une halte dans la vieille ville d'Appenzell toute proche s'impose pour admirer ses façades si pittoresques !

LÀ-HAUT SUR LE SÄNTIS : UNE VUE SUR SIX PAYS ALPINS

Pour profiter d'un panorama exceptionnel, prévoir une excursion sur le Säntis, le plus haut sommet du massif de l'Alpstein. Sa station à 2502 mètres d'altitude promet une vue imprenable sur la région d'Appenzell... et bien plus encore !

Si la météo est de votre côté, vous pourrez porter un regard d'aigle sur six pays alpins : la Suisse, l'Allemagne, l'Autriche, le Liechtenstein, la France et l'Italie ! On aperçoit ainsi entre autres le lac de Constance, les Alpes grisonnes, le Plateau suisse, le Jura et même... la Forêt-Noire.

Pour s'y rendre, les touristes peuvent embarquer dans le téléphérique Schwägalp-Säntis, qui les mènera jusqu'au sommet.

11 DÉSALPE DE L'ÉTIVAZ

UN DÉFILÉ DE VACHES DESCENDANT FIÈREMENT DES ALPAGES

C'est quoi ? La désalpe de l'Étivaz est une procession folklorique du canton de Vaud, dont les vaches sont les vedettes ! Durant cet événement, le village se réunit pour rendre hommage aux troupeaux. Décorées de cloches et ornées de fleurs, les belles reprennent le chemin des étables pour l'hiver, après avoir brouté sur l'alpage tout l'été.

Durant la manifestation, qui a lieu chaque automne, environ 400 bovins défilent accompagnés de leurs armaillis, soit leurs bergers. Ces derniers enfilent pour l'occasion leurs costumes traditionnels !

Comment s'y rendre ? L'Étivaz se trouve dans le Pays-d'Enhaut, à côté de Château-d'Œx. Lors de la manifestation, des navettes organisent le transport des visiteurs jusqu'au village, à partir de différents arrêts de car postal, et de certains parkings de Château-d'Œx. La procession a lieu généralement de 9 h 30 à 14 h.

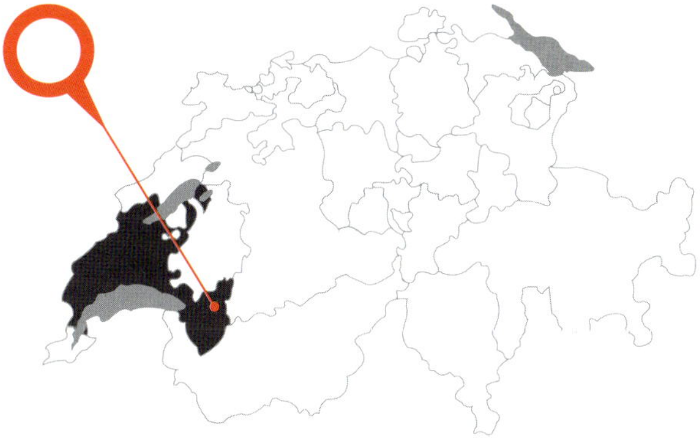

DÉSALPE DE L'ÉTIVAZ

Curiosité locale : le découpage

Dans la région, différents artisans maîtrisent la technique du découpage, l'art de tailler des motifs dans le papier. Une tradition à découvrir au Musée du Vieux Pays-d'Enhaut ou directement chez ces artistes. Réclamez les adresses auprès de l'Office du tourisme !

D'autres curiosités locales

Envie de voir des maisons en bois aux façades sculptées ? Une halte dans les villages de Rossinière ou de Rougemont s'impose pour admirer ce patrimoine architectural. Autrement, en janvier, le Festival International de Ballons de Château-d'Œx voit décoller des dizaines de montgolfières. Et pourquoi attendre l'hiver pour chausser ses skis ? Le glacier des Diablerets permet de dévaler des pistes même l'été. En plus, de nombreux sentiers balisés parcourent la région des Alpes et Préalpes vaudoises : les amateurs de randonnée ont de quoi faire !

LA DÉSALPE : DU FOLKLORE ET DU FROMAGE !

Concrètement, à quoi ressemble la désalpe ? Les cors des Alpes entonnent des morceaux traditionnels tandis que les vaches gambadent sous leurs couronnes de fleurs. Elles portent d'énormes sonnailles autour du cou : le passage des troupeaux est ainsi rythmé par le son des cloches. Les éleveurs, appelés armaillis, enfilent leur costume traditionnel et les guident, depuis les alpages jusqu'au cœur de l'Étivaz ! Toutes les 30 minutes environ, un autre troupeau traverse le village. Il leur faut marcher entre 6 et 25 kilomètres pour rejoindre leur étable et y passer l'hiver au chaud. Depuis l'alpage le plus éloigné, cela signifie une trotte de huit heures !

Cette célébration est aussi l'occasion de goûter aux premières meules de L'Étivaz AOP, un pâte dure préparé directement dans les chalets de montagne, entre le 10 mai et le 10 octobre. Ce fromage d'alpage, au goût marqué est à déguster tel quel, ou dans une bonne fondue le mêlant au vacherin fribourgeois. Autre spécialité à tenter : les rebibes, des sortes de copeaux d'Étivaz servis à l'apéritif !

Jenny

12 SAINT-URSANNE

UNE CITÉ MÉDIÉVALE NICHÉE DANS UN PAYSAGE VERDOYANT

C'est quoi ? Saint-Ursanne est une petite cité médiévale au bord du Doubs, dans le canton du Jura. Elle est enfouie au fond d'une vallée verdoyante. En son cœur, les ruelles sont bordées d'édifices médiévaux et de maisons bourgeoises datant des XIVe et XVIe siècles. Il faut observer les façades avec attention en s'y baladant, pour profiter de ses couleurs et de ses détails pittoresques !

La cité est accessible par trois grandes portes et a conservé un pan de son ancienne muraille, ainsi qu'une tour de guet. Ne manquez pas de pousser la porte de sa collégiale romane, à l'atmosphère envoûtante. Admirez aussi le cloître aux belles arcades gothiques, qui renferme un musée lapidaire.

Selon la légende, la bourgade doit son nom au moine irlandais Ursicinus. Ce dernier aurait vécu en ermite dans une grotte au-dessus du village… Un escalier abrupt de 190 marches conduit à son ermitage, avec à la clef une belle vue sur Saint-Ursanne !

Pour prendre la plus jolie photo des lieux, l'astuce est de traverser le pont Saint-Jean Népomucène sur le Doubs. C'est de l'autre berge qu'on profite du meilleur point de vue sur la cité !

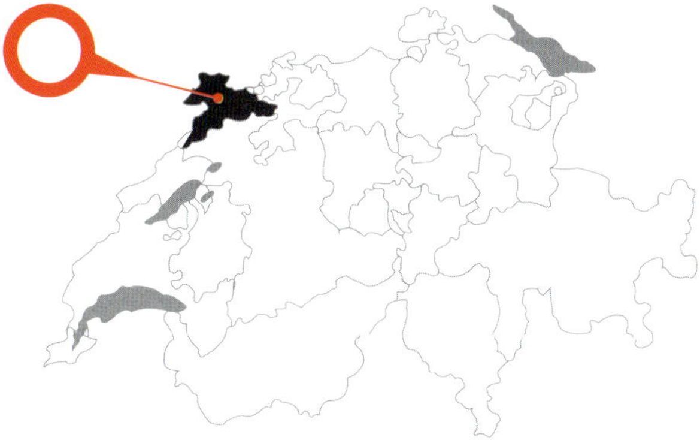

SAINT-URSANNE

Comment s'y rendre ? Le train S3 mène à la gare de Saint-Ursanne depuis Delémont ou Porrentruy. Celle-ci se trouve à quinze minutes de marche du cœur du village. Sinon, un parking permet d'abandonner son véhicule avant de s'aventurer à pied dans la cité médiévale.

Les festivités à surveiller
Pendant le festival populaire Les Médiévales, qui a lieu tous les deux ans, le cœur de Saint-Ursanne bat trois jours durant au rythme de festivités historiques. Dans la collégiale, des concerts d'orgue sont régulièrement organisés par Tribunes Baroques, et un festival de piano y a lieu début août.

Que faire d'autre dans la région ? Se balader autour du bel Étang de la Gruère, un lac entouré de tourbières, près de Saignelégier. Arpenter la bourgade médiévale de Porrentruy et voir son château. Visiter la Maison de la Tête de Moine à Bellelay et découvrir comment ce fromage culte, débité en rosettes grâce à une girolle, est fabriqué.

LE CLOS DU DOUBS
Autour de Saint-Ursanne, la réserve naturelle du Clos du Doubs ravira les amoureux de nature sauvage, avec ses collines recouvertes de forêts denses et ses gorges. C'est un lieu de choix pour les loisirs de plein air, comme la randonnée ou le VTT. Le must : une virée en canoë-kayak sur le Doubs. Après avoir marqué la frontière franco-suisse sur des kilomètres, le cours d'eau amorce ici un virage à 180 degrés, et repart en France.

Notez aussi que des Brenets à Goumois, le Doubs est entouré de falaises qui donnent au paysage un aspect des plus romantiques ! Sinon, le Clos du Doubs qui a donné son nom à la réserve, est l'arête d'une colline isolée : s'y rendre permet d'embrasser une vue panoramique sur Belfort, les Vosges et les Franches-Montagnes.

13 LAC DU KLÖNTAL

COMME UN FJORD DANS LES MONTAGNES SUISSES

C'est quoi ? Ce lac de montagne, à 848 mètres d'altitude, est un lieu apaisant situé au-dessus de la ville de Glaris. Réputé pour sa couleur azur, il est niché au pied du massif du Glärnisch. Les flancs boisés des montagnes glissent leurs racines directement dans ses eaux, qui reflètent leurs sommets parfois couronnés de neige.

Dans ce tableau enchanteur, on se sent tout petit sur les rives du lac... Ses miroitements ont d'ailleurs fasciné les poètes et les peintres. Envie de se rafraîchir ? Il est possible d'y piquer une tête durant l'été ! En hiver, la surface du lac est gelée, ce qui ravit les patineurs et ne décourage pas certains d'y pratiquer... la plongée sous glace !

Et pour éviter les quiproquos sur les panneaux, retenez le nom alémanique du lac : Klöntalersee.

Comment s'y rendre ? Pendant la belle saison, une ligne de car postal relie la gare de Glaris au lac. Différents arrêts le desservent : Klöntal, Rhodannenberg, se trouve à la pointe est, et Klöntal, Vorauen, à l'autre bout du lac, à l'ouest. Informez-vous sur les horaires en amont.

En voiture depuis Glaris, il suffit d'une dizaine de minutes pour rejoindre les lieux. Il y a différents parkings, à Rhodannenberg, Güntlenau et Plätz, par exemple.

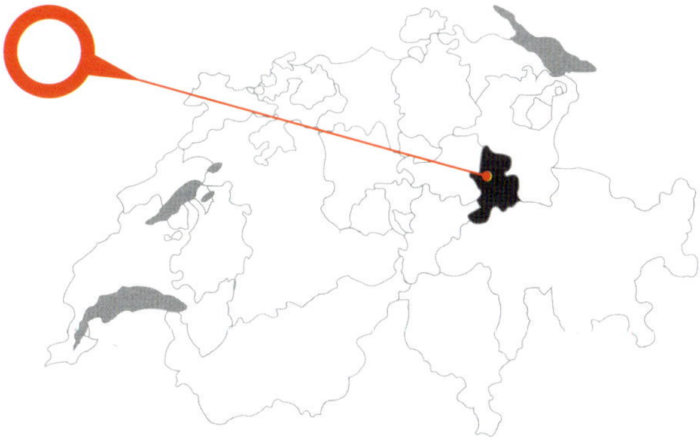

LAC DU KLÖNTAL

Pistes de randonnées

Le tour du lac se fait facilement, en environ trois heures de marche. Pour les plus ambitieux, une randonnée de six heures permet de rejoindre le Klöntalersee depuis la commune de Näfels, en traversant la belle vallée de l'Obersee.

Que voir d'autre par là ? La région est réputée pour ses phénomènes géologiques surprenants, que l'on peut voir au Geopark Sardona. Sur le Silberen, au cœur des alpes glaronnaises, on observe aussi le plus grand lapiaz de Suisse. Ici, le terrain a été façonné par les eaux de ruissellement de la pluie, formant un paysage d'aspect lunaire des plus étonnants. Ce sommet est d'ailleurs situé dans la vallée de la Muota, paradis de la randonnée, aussi connue pour son marché aux fromages. Cette fête folklorique a lieu chaque année autour de la fin octobre.

Dans la région, les parcours de via ferrata des trois sommets de Braunwald sont aussi très prisés. Le village d'Elm, avec ses chalets en bois, est une jolie carte postale suisse ! Quant aux gourmands, ils pourront visiter le parcours pédagogique de la chocolaterie Läderach.

LES SPÉCIALITÉS DE GLARIS À GOÛTER

Parmi les spécialités du canton, citons le Glarner Birnbrot, le chausson aux poires glaronnais, la Chalberwurst, une saucisse de veau, le Glarner Beggeli une pâtisserie fourrée aux amandes ou aux prunes et... l'intrigant Schabziger, un fromage corsé, exclusivement fabriqué à Glaris depuis plus de 500 ans. Composé de fromage blanc à base de petit-lait, il a la particularité d'arborer une teinte... verdâtre. Celle-ci est due à sa recette particulière, incluant des feuilles d'un trèfle poussant sur les pâturages. Un aspect qui ne décourage pas son succès à l'étranger, car il est exporté dans une cinquantaine de pays !

14 LE VAL VERZASCA

ET SON SENTIER POUR L'ART

C'est comment ? Au milieu de cette vallée tessinoise idyllique coule une rivière : la Verzasca. Des piscines naturelles formées par la roche retiennent ses eaux émeraude et transparentes, et des ponts en pierre pittoresques la surplombent. Cette destination proche de Locarno permet de profiter de tous les plaisirs du Tessin : la baignade (incontournable), les arts de la table dans un grotto, la visite de villages typiques ou les promenades dans des paysages sauvages.

À ce chapitre, il est même possible d'allier bol d'air et visite culturelle, en s'aventurant sur un chemin singulier : le Sentier pour l'art du val Verzasca !

Il est ponctué d'une vingtaine d'œuvres qui épousent le paysage. Statues de pierre, peinture sur bois ou sculptures étonnantes, le promeneur découvre des créations variées, intégrées à la nature environnante par des artistes internationaux. Le parcours se déroule sur 4,5 kilomètres. Il longe la rivière et un tronçon du Sentierone, le grand sentier de randonnée qui traverse le val.

LE VAL VERZASCA

Comment y arriver ? On peut parcourir le Sentier pour l'art du pont romain de Lavertezzo à Brione, où se trouve un arrêt de car postal, ou vice-versa ! En voiture, Lavertezzo se trouve à une demi-heure de Locarno.

Que faire d'autre dans la région ? Découvrir des villages tessinois pittoresques comme Corippo, Brione ou Sonogno. Un parcours à vélo relie d'ailleurs les deux derniers. Au-dessus de Locarno, se lancer dans une randonnée de sept kilomètres sur la montagne Cardada, pour rejoindre la Cimetta : points de vue imprenables sur le lac Majeur garantis ! Autre idée : se prendre pour James Bond dans *Goldeneye* et s'élancer dans le vide du haut du barrage du val Verzasca. Pour ceux qui oseront ce saut à l'élastique : la chute de 220 mètres promet un shoot d'adrénaline qui dure exactement 7,5 secondes !

À TABLE : DIRECTION UN GROTTO

Pour déguster une cuisine tessinoise authentique, le passage obligé est de s'arrêter dans un grotto. Ce type d'auberge rustique, souvent isolée, sert une gastronomie régionale mettant en avant les produits du terroir. Histoire de se mettre l'eau à la bouche, notez que les plats tessinois par excellence sont le risotto, la polenta, le bœuf braisé, le lapin, la charcuterie et le minestrone. Sans oublier un choix de fromages et de charcuterie !

Voici trois adresses du val Verzasca : le Grotto al Bivio da Paola, situé dans le village authentique de Corippo, le Grotto Scalinata à Tenero, tenu par trois sœurs qui préparent la polenta au feu de bois, et une auberge plus isolée, le Grotto Efra Valle Redorta. Cette dernière se situe dans un cadre privilégié à l'ombre des arbres, entre le village de Sonogno et l'inaccessible Valle Redorta.

Kober
liquidlogic

15 BÂLE

VILLE DE CULTURE AU BORD DU RHIN

C'est quoi ? Ville frontière, Bâle se trouve à la croisée de la Suisse, la France et l'Allemagne. Ses atouts : les rives du Rhin, une vieille ville charmante et de nombreux musées ! Ses ruelles anciennes ont beaucoup de cachet, tout comme la place du Marché où trône l'étonnant Hôtel de ville. D'un rouge profond et recouvert d'ornements, il donne presque un petit air russe aux lieux. Ne manquez pas d'entrer pour admirer sa cour !

Un autre incontournable est la cathédrale, en habits de grès rose. Sa terrasse, appelée la Pfalz, donne sur le Rhin et offre un superbe panorama sur la ville. Et si les températures sont clémentes, pourquoi ne pas aussi piquer une tête dans le fleuve ? Une activité appréciée des Bâlois ! Les plus malins sont même équipés de sacs étanches, pour y ranger leurs affaires et… se laisser dériver par le courant en emportant leurs vêtements !

Comment se rendre à Bâle ? Le plus pratique est d'y arriver en train, la gare se trouvant au cœur de la ville, et d'emprunter ensuite les trams si on ne souhaite pas marcher d'un point à l'autre.

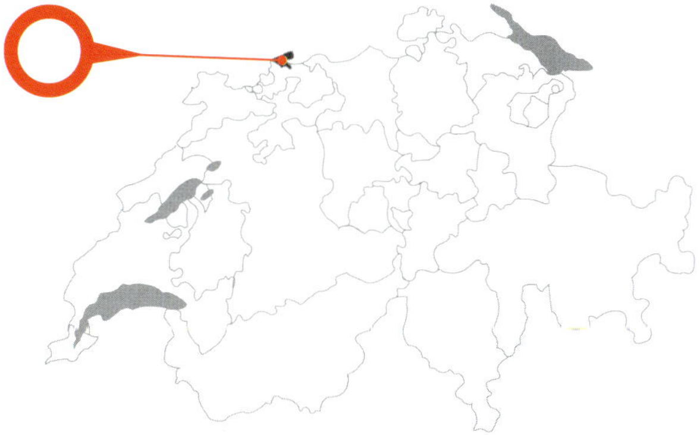

BÂLE

Que faire d'autre dans la ville ? Amateurs d'art, ne manquez pas le Kunstmuseum ou la Fondation Beyeler. Cette dernière, en plus de sa collection réputée, propose chaque année des expositions incontournables. Le musée dédié au peintre et sculpteur suisse Jean Tinguely vaut également le détour. L'artiste imagina même une fontaine pour la ville de Bâle, une installation ludique à voir sur la Theaterplatz.

Pour les gourmets : réservez une table sur la terrasse du Cheval Blanc, qui a obtenu de nombreux prix et est l'un des rares restaurants de Suisse doté de trois étoiles au *Guide Michelin*. À l'heure de l'apéro, rendez-vous sur les rives du Rhin, du côté du Petit-Bâle. On peut siroter un verre sur des containers installés là à la belle saison. Pour ceux qui ne les connaîtraient pas encore, une halte à Bâle est aussi l'occasion de goûter aux fameux Läckerlis, ces délicieux biscuits au goût de pain d'épices !

Que faire d'autre dans la région ? Le musée du design Vitra situé à Weil am Rhein, de l'autre côté de la frontière allemande, est réputé internationalement. Envie de vieilles pierres ? Liestal, le chef-lieu du demi-canton de Bâle-Campagne, a un centre pittoresque, tout comme Arlesheim connu pour sa cathédrale baroque. Musée à ciel ouvert, le site romain d'Augusta Raurica transporte les visiteurs dans l'Antiquité. Les sportifs, eux, céderont à l'appel des collines du Jura, qui invitent à la randonnée ou au vélo.

LE CARNAVAL DE BÂLE

Ce carnaval est réputé pour être le plus grand de Suisse. Il débute une semaine après le mercredi des Cendres, à quatre heures du matin précises. Il faut donc se lever tôt pour assister au lancement des festivités ! Trois jours durant (ils sont fériés ici), les rues de la ville résonnent sous le son des tambours des guggenmusik, ces fanfares dont les membres sont soigneusement déguisés.

Les participants du carnaval sont eux aussi affublés de costumes et de masques grotesques, qui leur font une tête énorme. Ils se baladent ainsi incognito dans la foule. En tant que visiteur, c'est une expérience mémorable d'observer cet enchevêtrement de sons et de couleurs… Attention par contre, l'événement est très codifié ! Ne venez pas avec un déguisement : la tradition veut que seules les « cliques » en portent. Vous serez les bienvenus, mais en tant que simples spectateurs… Et chaudement encouragés à acheter un badge de soutien !

16 L'ENGADINE

UNE MAGNIFIQUE VALLÉE ALPINE DANS LES GRISONS

C'est quoi ? Cette région des Grisons est composée de deux vallées distinctes. La Haute-Engadine est son visage le plus spectaculaire : ses paysages bordés de sommets entourent des lacs de montagne qui laissent rêveurs, comme celui de Sils. C'est par là aussi que se trouve la célèbre station de Saint-Moritz. Depuis Pontresina, on accède au val Bernina dominé par son imposante chaîne alpine. Du haut du Muottas Muragl, la vue sur les pics qui marquent la frontière avec l'Italie est imprenable ! On l'admire en se lançant dans une randonnée sur le Sentier des crêtes, qui serpente jusqu'à l'alpe Languard.

L'autre vallée, appelée Basse-Engadine, offre une entrée vers le Parc national suisse. Sur 170 kilomètres carrés, c'est le paradis des chamois, des cerfs, des marmottes et... des randonneurs. On peut aussi y visiter des villages pittoresques, comme Guarda. Ses façades sont décorées de dessins gravés appelés *sgraffiti*, que l'on peut aussi voir dans les localités de Zernez ou Scuol.

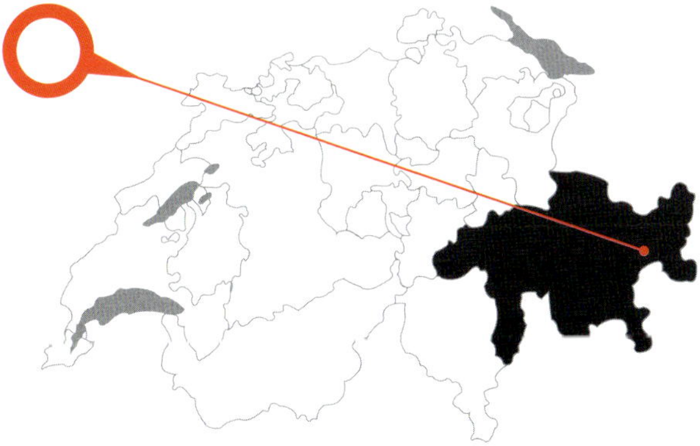

L'ENGADINE

Comment s'y rendre ? Guarda, Zernez ou Scuol sont accessibles en train. Des bus et cars postaux permettent d'atteindre le Parc national suisse, qui est aussi doté de parkings. En Haute-Engadine, un téléphérique conduit au sommet du Muottas Muragl.

Un petit train rouge emblématique traverse la région : le Bernina Express. Il relie Coire à Pontresina, avant de franchir les Alpes et de poursuivre jusqu'à Tirano, en Italie. Le chemin de fer aux vues spectaculaires passe par d'innombrables tunnels et ponts, dont le très photogénique viaduc enjambant la rivière Landwasser.

Que faire d'autre dans le coin ? Pour les sportifs : du rafting dans les gorges de Scuol ou de la planche à voile sur le lac Silvaplana, à près de 1800 mètres d'altitude ! En début d'année en Haute-Engadine, les curieux peuvent assister à une tradition appelée *schlittedas*, autour de traîneaux tirés par des chevaux.

Côté balade dans la nature, le champ des possibles est presque infini, avec des parcours pour tous les niveaux. Si tout cela vous donne le tournis, relaxez-vous dans un bain de source minérale, comme ceux de Bogn Engiadina !

LE FIEF DE LA QUATRIÈME LANGUE NATIONALE

En plus de l'allemand, du français et de l'italien, la Suisse possède une quatrième langue nationale un brin mystérieuse : le romanche. Cette langue régionale est parlée dans le canton des Grisons, qui est donc trilingue avec l'usage du suisse allemand et de l'italien ! Issu du latin comme le français ou l'italien, le romanche est une langue romane.

On l'observe sur les panneaux routiers de l'Engadine, et avec un peu de chance en tendant l'oreille, vous pourrez goûter à sa mélodie... Depuis un siècle, le romanche est toutefois en perte de vitesse. Il était parlé par 1,1 % de la population suisse en 1910, mais plus que par 0,5 % en 2014, selon le dernier recensement. Pour dynamiser son usage, l'unification des cinq idiomes régionaux vers une norme écrite commune, le Rumantsch grischun, a été entreprise dans les années 1980.

17 LE LAVAUX

DES VIGNES SURPLOMBANT LE LÉMAN

C'est quoi ? Des vignes en terrasse, entourées de petits murets, offrent une vue majestueuse sur le lac Léman et les montagnes. Perchées à flanc de colline entre Lausanne et Montreux sur un domaine de 800 hectares, elles sont inscrites au Patrimoine mondial de l'UNESCO depuis 2007.

Les lieux ne demandent qu'à être explorés : 32 kilomètres de chemins permettent de les traverser et de profiter du panorama ! Un bon point d'entrée est l'adorable village de Saint-Saphorin, avec ses ruelles étroites et ses maisons de vigneron.

En visitant les petites localités du Lavaux, il ne faut pas hésiter à pousser les portes des caves pour une dégustation de vin, ou à s'octroyer une pause dans une pinte, ces restaurants typiques.

Comment s'y rendre ? En prenant un vrai train ou sa voiture, on rejoint Saint-Saphorin, d'où l'on peut s'aventurer dans le Lavaux en toute indépendance. Sinon, les petits trains des vignes proposent des circuits. On embarque au départ des ports de Lutry et Cully pour le Lavaux Express, et de Chexbres pour le Lavaux Panoramic. Ces engins sont des petits trains électriques, comme ceux qui transportent les touristes dans les villes ! La réservation est recommandée.

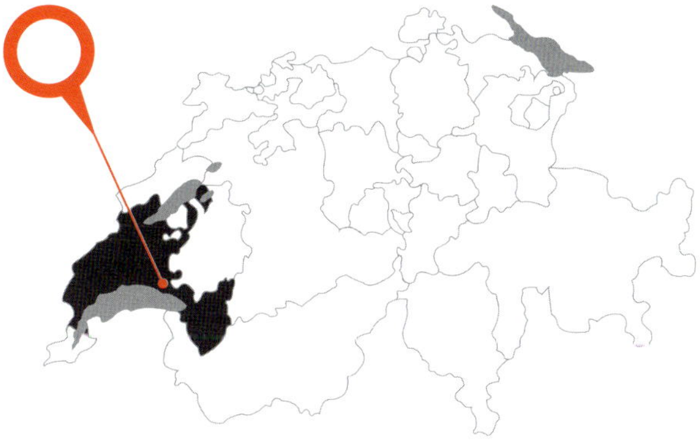

LE LAVAUX

Que fait-on sur place ? Des balades à pied ou à vélo, sur l'un des sept circuits existants. Pour se dégourdir les jambes plus longuement, une randonnée facile de douze kilomètres conduit de Saint-Saphorin à Lutry (3 h 15). En chemin, on s'arrête pour une dégustation de vin dans une cave ou un bistrot ! Et à chaque terrasse viticole, on ouvre grand les yeux pour profiter du paysage...

En s'y prenant à l'avance, il est aussi possible de passer une demi-journée avec un vigneron, pour découvrir son travail, ou de visiter les lieux en compagnie d'un guide du patrimoine.* À deux pas de là, il y aussi le Château de Chillon ! (voir page 30).

Et on y boit quoi ? Le chasselas est l'un des cépages les plus cultivés dans le Lavaux. Le vin blanc qui en découle se déguste dans un des 80 domaines du coin qui ouvrent leurs portes aux visiteurs, ou dans les caveaux de la douzaine de villages viticoles.

L'HISTOIRE DU VIGNOBLE

Les vignes en terrasse du Lavaux sont la création de moines bénédictins et cisterciens, qui ont progressivement défriché le terrain et façonné son étonnante géographie. La première mention des *charmus*, ces terrasses à flanc de coteau, a été retrouvée dans un document de 1331.

L'intérêt de ce type de culture, que l'on retrouve autour d'autres lacs suisses, est de faire profiter la vigne des réverbérations des rayons du soleil sur l'eau. L'ensoleillement est ainsi renforcé, et de plus, les murs de pierre qui entourent les parcelles emmagasinent la chaleur. Le Lavaux est ainsi dit bénéficier de trois soleils pour le prix d'un ! Au moment des vendanges, à l'automne, l'escarpement du terrain oblige à récolter le raisin à la main, car les machines ne tiennent ici pas la route.

* Infos sur www.lavaux-unesco.ch

the sport clinic
RÉGIE DU MAIL

18 CAROUGE

UNE BULLE BOHÈME DANS GENÈVE

Cela ressemble à quoi ? Se promener dans le Vieux Carouge, c'est ouvrir une parenthèse loin du brouhaha des grands axes genevois. Une ambiance de village vaut à cette commune de l'agglomération genevoise, sur la rive gauche de l'Arve, d'être très cotée.

Ses petites rues aux maisons basses sont ponctuées d'échoppes spécialisées. Bouquinistes et antiquaires côtoient des *concept stores* aux vitrines colorées. Des boutiques de mode et des ateliers invitent à pousser leurs portes, alors que les restaurants et bars déploient leurs terrasses sur les trottoirs et les places. Pour goûter des spécialités japonaises, direction Pakù Pakù ! Juste à côté, Le Flacon est un restaurant élégant et étoilé.

Envie de découvrir les secrets de Carouge, comme ses jardins cachés ou ses artisans de talent ? Six visites guidées à thème partent de la mairie le samedi matin durant la belle saison. Pour dénicher des trésors, venez sinon à une de ses brocantes ! Tous les premiers dimanches du mois, entre mars et décembre, c'est le moment de chiner sur la Place du Marché.

Pourquoi s'y rendre ? Pour flâner, pour bruncher, pour sortir le soir dans un bar branché, pour faire des emplettes parmi les 287 commerces. Pour chiner aussi, car une brocante a lieu une fois par mois.

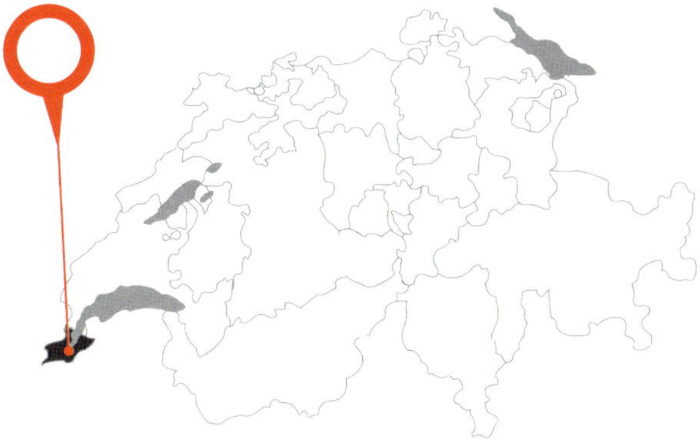

CAROUGE

Comment y aller ? En tram : depuis la gare de Genève-Cornavin, prendre la ligne 12 jusqu'à l'arrêt Carouge GE, Marché. Tout simplement.

Que voir d'autre dans le coin ? Les incontournables de Genève, bien sûr, comme le fameux jet d'eau et la vieille ville, accessibles en tram ou en bus. Et du côté des musées, vous avez l'embarras du choix dans la cité de Calvin ! Le MAMCO et le Musée d'ethnographie sont particulièrement réputés. Les mélomanes surveilleront la programmation de l'Opéra des Nations.

Le soir tombé, pourquoi ne pas boire un verre sur les Halles de l'Île, une terrasse entourée par le Rhône ? Pour goûter une fondue, direction le Bain des Pâquis, face au lac, ou le restaurant Les Armures dans la vieille ville de Genève.

LES RACINES SARDES DE CAROUGE

Au XVIIIe siècle, le hameau appartient au royaume de Piémont-Sardaigne, dont la capitale est Turin. Les autorités décident de la reconstruire entièrement afin de… concurrencer Genève sur le plan commercial ! Ils engagent des architectes piémontais pour cet ouvrage. Ces derniers la bâtissent avec un quadrillage régulier d'îlots, s'inspirant des cités méditerranéennes.

ATELIER DE
BIJOUTERIE

fine&more

19 COL DE LA GEMMI

UNE RANDONNÉE HISTORIQUE !

C'est quoi ? Le col de la Gemmi est un passage historique reliant le Valais à la région de l'Oberland bernois. Le lieu a quelque chose de brut et de sauvage... Son lac de montagne, le Daubensee, est isolé dans un paysage dépouillé, dominé par des rochers nus. De là, le grand classique est de suivre le sentier qui mène de Loèche-les-Bains (VS) à Kandersteg (BE), en 4 h 15 de marche, comme les marchands autrefois.

Pour viser plus haut, une randonnée mène aussi à travers un glacier, jusqu'au sommet Wildstrubel à 3200 mètres d'altitude. Mais si tel est votre objectif (ambitieux !), il faudra être accompagné d'un guide pro.

Moins dégourdi du mollet ? Des trajets adaptés de tous les niveaux existent, avec des itinéraires à boucler en moins de deux heures. L'intérêt des lieux est avant tout de respirer l'air pur et d'en prendre plein la vue, en admirant des sommets tels que le Cervin, le Mont Rose ou la Dent Blanche.

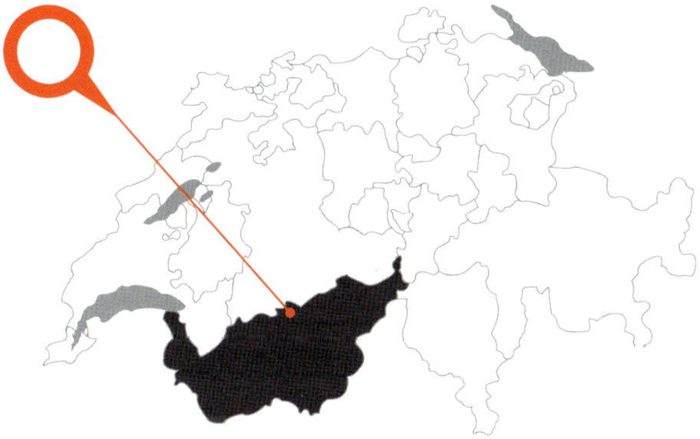

COL DE LA GEMMI

Comment s'y rendre ? Un téléphérique conduit au col de la Gemmi, pour ceux qui ne veulent pas y grimper à pied sur le raidillon depuis Loèche-les-Bains.

Que faire d'autre dans le coin ? Les sentiers sont aussi accessibles en VTT ! Pour ceux qui n'ont pas froid aux yeux, un parcours de via ferrata ludique est implanté dans une falaise, près de l'auberge Wildstrubel. S'il neige, à vous les pistes de ski alpin et de ski de fond de la région. Une jolie excursion est sinon de grimper au-dessus de Kandersteg, pour découvrir le lac de montagne Oeschinensee, gelé en hiver.

Côté agenda culturel, une fête folklorique réunit moutons, autochtones et cors des Alpes autour du lac Daubensee fin juillet. Option moins aventureuse mais valable toute l'année : se détendre dans les thermes de Loèche-les-Bains (Leukerbad en allemand) en savourant les bulles.

UNE RANDONNÉE HISTORIQUE !
Autrefois, les marchands se lançaient sur la route entre Kandersteg et Loèche-les-Bains accompagnés de mulets pour relier l'Oberland bernois au Valais.

Le col de la Gemmi vous permettra vous aussi de tenter l'aventure ! Le niveau de cette randonnée est moyen, pour une durée d'un peu plus de quatre heures. Après une grimpée intense depuis Loèche-les-Bains, un sentier de crête longe le lac de montagne Daubensee, dans son écrin minéral. Ensuite, changement de décor avec la traversée de prés alpins couverts de fleurs.

Le chemin balisé se termine à la station de téléphérique de Sunnbüel, qui permet de rejoindre Kandersteg. Notez que c'est du côté valaisan que le col est le plus impressionnant. De loin, le chemin semble invisible, mais il serpente bel et bien à travers les rochers abrupts !

20 LES CHUTES DU RHIN

LA PLUS GRANDE CHUTE D'EAU D'EUROPE !

C'est quoi ? Près de Schaffhouse, les eaux du Rhin grondent… et font un saut de 23 mètres dans un bouillonnement furieux. Impressionnantes par leur largeur de 150 mètres, ces chutes incontournables sont les plus grandes (pas les plus hautes !) d'Europe en prenant en compte le volume d'eau. Chaque seconde, ce sont 600 mètres cubes d'eau qui dévalent la chute. Un bateau emmène les visiteurs rejoindre l'énorme rocher qui émerge des flots. Attention, ça mouille durant le trajet !

Depuis les plateformes d'observation sur l'îlot escarpé, au cœur du spectacle, on admire les chutes au plus près. Le meilleur moment pour visiter les lieux est le mois de juillet, car à cette époque le niveau de l'eau est le plus haut, ce qui rend ce spectacle plus impressionnant.

Deux châteaux complètent la carte postale, ceux de Wörth (rive nord) et de Laufen (rive sud).

Comment s'y rendre ? À pied depuis Schaffhouse, en suivant le cours du Rhin, en une heure et demie ! Plusieurs options en train : la gare de Neuhausen Rheinfall dessert directement la rive nord depuis Zurich. La rive sud est aussi accessible (arrêt Schloss Laufen). En voiture, il faut viser la localité de Neuhausen am Rheinfall (rive nord), ou celle de Dachsen (rive sud).

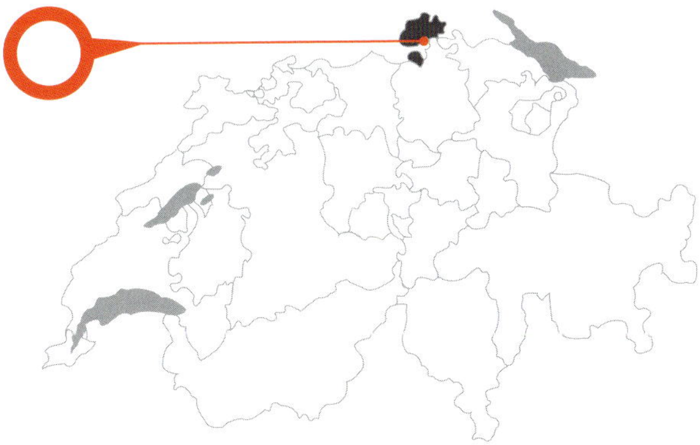

LES CHUTES DU RHIN

Que faire d'autre dans le coin ? Louer un canoë et ramer au pied des chutes. Un parc d'aventure avec vue sur ce spectacle naturel se trouve aussi à deux pas de là, avec des parcours pour tous les âges. Schaffhouse et son Abbaye de Tous-les-Saints valent une visite, tout comme la jolie ville de Stein am Rhein.

Curiosités autour du lac de Constance

Autre bonne idée : pousser jusqu'au lac de Constance (appelé Bodensee en allemand) qui marque la frontière entre la Suisse, l'Allemagne et l'Autriche. Des croisières sur le Rhin permettent même d'y accéder en bateau depuis les chutes !

En plus de localités charmantes sur ses rives, le lac héberge, côté allemand, la bucolique île de Mainau, dite l'île des Fleurs. À Unteruhldingen, on peut visiter une reconstitution de village sur pilotis, comme à l'époque néolithique !

SUR LES TRACES DU RHIN… À VÉLO !

À 2345 mètres d'altitude, le lac Toma, dans les Grisons, est considéré comme la source du Rhin. Le fleuve n'est alors qu'un petit torrent dévalant la montagne… C'est là que débute l'Eurovélo 15, une véloroute ambitieuse qui permet d'accompagner le fleuve à travers quatre pays jusqu'à la mer du Nord. Le premier tronçon, long de 230 kilomètres, suit le Rhin de sa source au lac de Constance.

Cette rando à vélo exigeante débute à Andermatt, avec l'ascension du col de l'Oberalp. Son tracé passe par une palette de paysages, dont la Surselva et les gorges du Rhin, surnommées le « Grand Canyon suisse ». Il traverse ensuite la région viticole de Bündner Herrschaft et le delta du Rhin, pour se terminer au bord du lac de Constance. L'étape suivante de l'Eurovélo 15 conduit jusqu'à Bâle, en passant par les chutes.

21 GRINDELWALD

UN PANORAMA DE MONTAGNES AU CŒUR DE L'OBERLAND BERNOIS

C'est quoi ? Le village de Grindelwald est niché au cœur d'un décor grandiose de montagnes et de glaciers, à plus de mille mètres d'altitude. En empruntant des télécabines ou trains à crémaillère, on accède à des points de vue fantastiques sur l'Oberland bernois. Parmi les sommets les plus célèbres à admirer en ces lieux, il y a la Jungfrau, l'Eiger, le Mönch ou le Wetterhorn.

La destination phare de la région reste la Jungfraujoch, surnommée le « Toit de l'Europe ». Sa gare, accessible en train à crémaillère, est située à 3454 mètres d'altitude ! Au sommet, on profite d'une terrasse panoramique avec une vue de carte postale. Pour se dégourdir les jambes, il faut prévoir de bonnes chaussures afin de s'aventurer sur le glacier... Une randonnée de trois quarts d'heure permet de fouler la neige, même l'été !

En quête d'une alternative pour prendre de la hauteur ? Sautez dans une télécabine à destination du Schilthorn. Le panorama de là-haut, à 2971 mètres d'altitude, est tout aussi impressionnant.

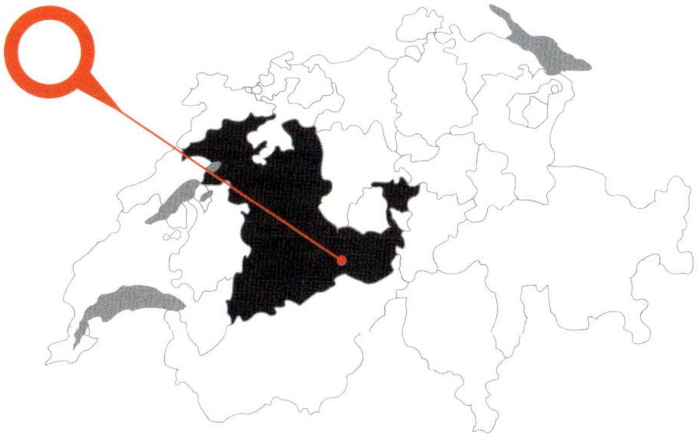

GRINDELWALD

Comment atteindre le sommet ? Un train à crémaillère mène au col situé entre l'Eiger et la Jungfrau depuis la Petite Scheidegg, en empruntant un tunnel escarpé. En chemin, une vue sur le glacier de l'Eiger s'offre aux voyageurs.

Que faire d'autre dans le coin ? Tomber amoureux de la région d'Interlaken, ville entre deux lacs. Se promener dans la vallée encaissée de Lauterbrunnen, ponctuée de 72 cascades romanesques. Emprunter le chemin qui traverse les gorges du glacier inférieur de Grindelwald. Des passerelles et tunnels permettent d'avancer dans ce décor rocheux !

En hiver, Grindelwald est aussi une station de ski, dotée de longues pistes de luge. Plus insolite, elle accueille aussi un championnat mondial de... vélo des neiges !

UN JARDIN BOTANIQUE ALPIN

Une attraction insolite attend les visiteurs en haut de la montagne appelée Schynige Platte, accessible après un trajet en train à crémaillère au look rétro. En plus de la vue sur la région, dominée par les Alpes, un jardin botanique pas comme les autres se niche ici...

Cet écosystème d'altitude abrite 600 espèces de plantes alpines, soit les deux tiers de la flore suisse de montagne. C'est en été qu'elles sont les plus nombreuses à fleurir, et qu'il faut visiter les lieux ! Des étiquettes permettent de découvrir leurs noms, en parcourant des sentiers courts et faciles d'accès. Autre attraction du haut du Schynige Platte : un circuit sur la crête permet de profiter d'une belle vue sur le lac de Brienz.

FREITAG
TIPHOOK
CAI
CAI
OOCL
NO ENTRY

22 ZURICH

CULTURE ET SHOPPING AU FIL DE L'EAU

C'est quoi ? Plus grande ville de Suisse et capitale économique du pays, Zurich séduira même ceux qui dédaigneront le shopping de luxe sur la célèbre Bahnhofstrasse ! Ses lieux de culture rivalisent avec sa vie nocturne, et son centre historique a un charme irrésistible.

Le secteur le plus mignon est le Niederdorf, appelé avec affection Dörfli (petit village) par les Zurichois. Il se trouve au cœur d'une vieille ville aux ruelles piétonnes et aux belles façades, scindée en deux par la Limmat. Le centre se découvre facilement à pied, ou plus original, lors d'une promenade en bateau ! L'eau est en effet une dominante de la ville, parcourue par les rivières Sihl, la Limmat ou le canal du Schanzengraben, et située au bout du lac de Zurich.

Les deux points de vue incontournables sur la ville sont l'esplanade aux tilleuls du Lindenhof et les tours de l'église Grossmünster. Sur la rive en face de cette dernière, ne manquez pas l'église de Fraumünster, célèbre pour certains de ses vitraux peints par Marc Chagall. Dans la vieille ville, on croise aussi le Cabaret Voltaire, lieu avant-gardiste fondé en 1916, où naquit le mouvement dada. Aujourd'hui, c'est un centre culturel couplé d'un bar.

Comment se rendre à Zurich ? Privilégier les trains et les trams. La ville dispose d'une dizaine de grands parkings couverts où laisser sa voiture.

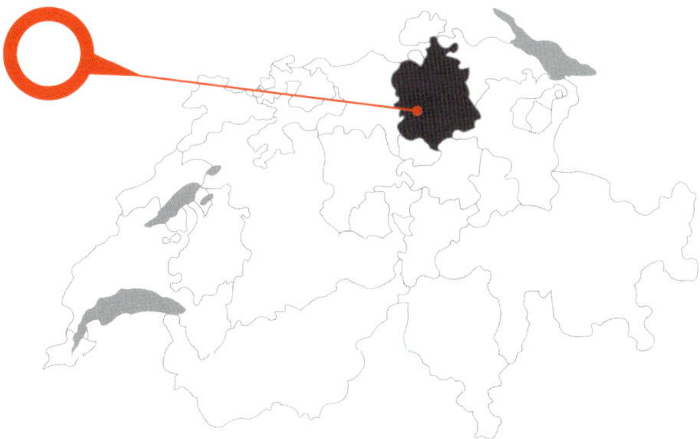

ZURICH

Que faire d'autre dans la ville ? Arpenter la promenade sur les rives bleues du lac et profiter des terrasses au fil de l'eau de la ville. Par exemple, s'arrêter pour un verre à l'heure de l'apéro au bord de la piscine du Rimini Bar. Plus alternatif ? Se rendre à Zurich West, ancien quartier industriel devenu branché. Faire du shopping dans les échoppes du Viadukt, grimper sur la tour Freitag (la boutique des célèbres sacs en matériaux recyclés) et goûter à une ambiance champêtre en pleine friche urbaine, au sein de l'étonnant Frau Gerolds Garten !

Envie d'un cadre plus élégant ? Grimper au dernier étage de la Prime Tower et s'offrir un cocktail au Clouds ! Pour les aficionados de techno, il ne faut pas non plus manquer la Street Parade de Zurich, ses chars, ses décibels et son ambiance de carnaval, chaque année au début du mois d'août.

MUSÉES ET DÉTENTE À ZURICH

Zurich compte d'innombrables musées d'art, dont l'étonnant MuDa. Ce lieu dédié à l'art digital crée des ponts entre créativité et technologie, et esthétise chiffres et algorithmes pour le plus grand plaisir des *geeks*. Envie d'activités en plein air ? L'immense zoo de Zurich, un classique, ravira les enfants. À Zürichhorn se trouve une curiosité de grande beauté : le Chinagarten, un jardin dans la plus pure tradition chinoise, offert par la ville de Kunming.

Pour un moment de détente sous des voûtes de pierre centenaires, rendez-vous dans les bains thermaux de Zurich, installés dans l'ancienne brasserie Hürlimann… Et ne manquez pas la vue depuis la piscine sur le toit !

LE MARCHÉ AUX PUCES DE ZURICH

Véritable institution à Zurich, ce marché aux puces existe depuis 1971. Au Bürkliplatz-Flohmarkt, de petits trésors se cachent parmi le bric-à-brac d'objets ! Il faut avoir l'œil pour repérer son bonheur en parcourant les 400 à 500 stands occupant la Bürkliplatz, près de la rive nord-ouest du lac et en bas de la Bahnhofstrasse.

Vaisselle, meubles, accessoires de mode ou objets destinés aux maisons de poupée côtoient des stands de nourriture. La manifestation a lieu tous les samedis de 6 h à 16 h, entre les mois de mai et d'octobre.

TI-20578
TI-2748

23 GANDRIA & MORCOTE
BOURGS DE CARACTÈRE AU BORD DU LAC DE LUGANO

C'est quoi ? Gandria et Morcote sont deux villages de caractère situés au bord du lac de Lugano. Village pentu accroché au pied du Monte Brè, Gandria est rattaché à la commune de Lugano. Avec ses ruelles étroites et ses maisons pittoresques, il a un charme fou ! Son centre tortueux et romantique se visite à pied, car il est fermé à la circulation. À admirer sur place : les cours fermées, les arcades et les petits escaliers raides, ainsi que la chapelle San Rocco datant de 1645.

Situé au bord du lac de Lugano, aussi appelé Lago Ceresio au Tessin, Gandria se trouve à la frontière italienne, ce qui a forgé son histoire... Il était autrefois hanté par les contrebandiers ! Pendant des décennies, ces derniers ont défié les douaniers dans la région. Une époque rocambolesque à retrouver au Musée des douanes, abrité dans l'ancienne caserne des gardes-frontière.

Surnommé la perle du Ceresio, Morcote est un ancien village de pêcheurs, à une demi-heure de route de Gandria. Depuis ses quais, on admire des demeures seigneuriales aux façades décorées de fresques, telles que le palazzo Paleari. Ses ruelles authentiques sont ponctuées d'une végétation subtropicale luxuriante, mise en valeur dans le Parco Scherrer. À admirer sur place : les portiques des vieilles maisons patriciennes, l'église de Santa Maria del Sasso et l'immense escalier de la Tour du Capitaine.

GANDRIA ET MORCOTE

Comment s'y rendre ? Rejoindre Gandria en bateau depuis Lugano, ou à pied par la promenade longeant le lac entre le village de Castagnola et Gandria. En voiture, il faudra laisser son véhicule dans les parkings à l'extérieur du village, fermé à la circulation. Morcote se trouve à une grosse demi-heure de Lugano en transports publics, ou à 50 minutes de Gandria en bateau.

Que faire d'autre dans le coin ? Grimper en haut du Monte San Salvatore pour admirer la vue... et en profiter pour visiter le village de Carona et ses maisons bourgeoises colorées. Sur sa colline, déambuler dans le parc botanique de San Grato. Manger dans un grotto, ces auberges typiques, parfois seulement accessibles à pied ou en bateau. Avec des enfants, découvrir la « Suisse miniature », un parc reproduisant les monuments du pays à petite échelle. Et bien sûr, visiter la ville de Lugano.

SUR LE MONTE BRÈ

Après avoir visité Gandria, au pied du Monte Brè, pourquoi ne pas grimper à son sommet ? Du haut de ses 925 mètres d'altitude, la vue est imprenable sur le lac de Lugano. De là, on admire aussi le Monte San Salvatore, emblématique de la région, dont la forme rappelle le Pain de Sucre de Rio en miniature !

Pour atteindre le sommet du Monte Brè, sautez dans le funiculaire au départ de Cassarate, un quartier de Lugano. En chemin, l'engin dessert aussi le petit village de Brè, qui a gardé son authenticité. Depuis cette localité, il est possible de redescendre à pied sur Gandria, via le sentier didactique « Nature et archéologie ». Mais attention : le chemin est raide !

24 LAC DE CAUMA

UN LAC TURQUOISE ENTOURÉ DE CONIFÈRES

Situé près de Flims dans les Grisons, à 1000 mètres d'altitude, le lac de Cauma est un paradis pour les randonneurs et les baigneurs. En été, même les frileux se jettent dans ses eaux turquoises, qui affichent une température de 20 à 24 degrés. Le plan d'eau est cerné de forêts de conifères, et est ponctué par une île où poussent des arbres.

Pédalo, bronzette ou balades, ses abords invitent à la détente et aux activités en famille. Un restaurant permet même de se restaurer sur place, si on a oublié d'emporter son pique-nique. Notez que l'accès à la plage aménagée est payant.

Comment y aller ? Depuis Flims, prendre un car postal pour rejoindre l'arrêt Flims Waldhaus, Caumasee, ou emprunter le bus local Flims Laax Falera Shuttle jusqu'au même endroit. C'est là aussi que se trouve un parking pour les voitures. Ensuite, il suffit de dix minutes de marche à travers la forêt pour rejoindre les rives bleues du lac Cauma et piquer une tête.

LAC DE CAUMA

Que faire d'autre autour de Flims ? Encore envie de se baigner ? Se rendre au lac Cresta, réputé pour ses eaux claires entourées de forêts et de sommets. À vélo, on peut profiter des nombreuses pistes de la région.

Un parc d'accrobranche à Prau la Selva permet aux enfants de se prendre pour Tarzan. En quête d'une randonnée enchanteresse ? Suivre le chemin Trutg dil Flem, qui suit le fil de la rivière Flem durant treize kilomètres, de sa source au village de Segnesboden. En chemin, on admire une chute d'eau et des gorges creusées par le cours d'eau.

SPÉCIALITÉ GRISONNE : LES CAPUNS

Une curiosité du canton des Grisons à déguster dans la région sont les capuns. Ces boulettes à base de viande séchée ou de saucisson sont emballées dans des feuilles de bettes. Ça, c'est le principe de base, qui est ensuite décliné en des dizaines de recettes, qui varient aussi selon les traditions familiales.

Différentes herbes aromatiques sont utilisées pour relever les capuns, comme la menthe, la ciboulette ou le persil. On y ajoute parfois aussi du fromage ou de la crème. Il ne faut donc pas hésiter à en goûter... plusieurs fois, à différents endroits !

25 RIEDERALP

VILLAGE AVEC VUE SUR LE CERVIN ET LE GLACIER D'ALETSCH

C'est quoi ? Riederalp est une station de villégiature du Valais, située à près de 2000 mètres d'altitude, au-dessus de la vallée du Rhône. De là-haut, le panorama sur les Alpes est grandiose. Parmi ces grandes dames, on admire le sommet le plus connu de Suisse : le Cervin !

Autre attraction incontournable : emprunter un sentier panoramique pour admirer le glacier d'Aletsch. Des belvédères permettent d'observer cet imposant fleuve de glace sous toutes les coutures, en partant de Riederalp ou des stations voisines de Belalp, Bettmeralp et Fiescheralp.

Point de chute idéal pour les randonneurs durant l'été, Riederalp fait aussi la joie des amateurs de sports d'hiver grâce au domaine skiable qui l'entoure.

Comment s'y rendre ? Riederalp a la particularité d'être une station sans voiture, comme plusieurs localités de la région ! Il est donc obligatoire de laisser son véhicule dans la vallée, à Mörel, près de Brigue. Ensuite, un trajet de dix minutes en téléphérique ou en télécabine hisse les visiteurs jusqu'à la station.

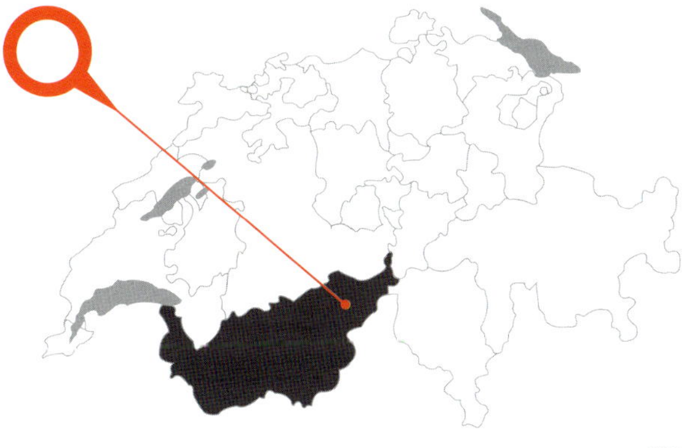

RIEDERALP

D'où admirer le glacier d'Aletsch ? Depuis Riederalp, prendre une télécabine jusqu'à Moosfluh. De là-haut, un sentier de randonnée hivernale de six kilomètres offre une vue plongeante sur le glacier d'Aletsch. Autre possibilité, monter en télécabine jusqu'à Bettmerhorn. Double récompense au sommet : une vue sur le glacier d'Aletsch et une autre sur la vallée du Rhône.

Que faire d'autre dans le coin ? Découvrir la vallée de Binn dans le Haut-Valais, un site sauvage qui attire les chasseurs de minéraux. Traverser la passerelle suspendue qui relie Belalp et Riederalp sans regarder le vide sous ses pieds. Ce pont surplombe les gorges de la rivière Massa, profondes de 80 mètres. À éviter si vous êtes sujets au vertige ! Côté folklore, une grande fête alpestre a lieu le premier dimanche d'août à Riederalp. Et que faire en hiver ? Profiter du domaine skiable et des pistes de randonnée, et pour le ski de fond, mettre le cap sur la vallée de Conches.

LE GLACIER D'ALETSCH

Majestueux et impressionnant, le glacier d'Aletsch est le plus grand des Alpes. Il mesure 23 kilomètres de long et renferme 27 milliards de tonnes de glace. Mais ce n'est pas tout ! Tout autour, la biodiversité est remarquable, dans cet habitat naturel fait d'extrêmes.

La région Jungfrau-Aletsch-Bietschhorn figure d'ailleurs au Patrimoine naturel mondial de l'UNESCO. Pour se balader sous les plus vieux arbres de Suisse, rendez-vous dans la forêt d'Aletsch, formée de mélèzes et de pins arolles. Au pied du glacier, le lac de Märjelen est lui alimenté par les eaux de fonte. Pour en savoir plus sur les espèces rares de végétaux et d'animaux de la région, visitez le centre Pro Natura de la Villa Cassel, installé à une demi-heure de marche de Riederalp. Le lieu propose aussi des hébergements. En prime, un jardin alpin est aménagé à côté !

26 VÉLO À INTERLAKEN

BALADE AU BORD DES LACS DE THOUNE ET DE BRIENZ

C'est quoi ? Cet itinéraire à vélo mène de Spiez à Meiringen, en longeant le lac de Thoune, puis celui de Brienz après Interlaken. L'excursion déroule une vue idyllique sur les surfaces bleues des lacs, avec les montagnes de l'Oberland bernois en arrière-plan.

En chemin, il faut évidemment s'accorder une halte pour se baigner et pique-niquer. La balade dure environ quatre heures, et implique de pédaler durant 47 kilomètres, avec 400 mètres de dénivelé. Ce trajet, balisé par des pancartes, est un tronçon de la Route des Lacs 9, qui mène du Léman... au lac de Constance !

Comment y aller ? Le départ de l'excursion à vélo se trouve à la gare de Spiez. Notez qu'en Suisse, il est généralement possible de prendre le train avec son vélo, au prix d'un billet spécial. Sinon, le site rentabike.ch permet de louer sa petite reine dans une gare, et de la restituer au bout de la balade dans une autre station.

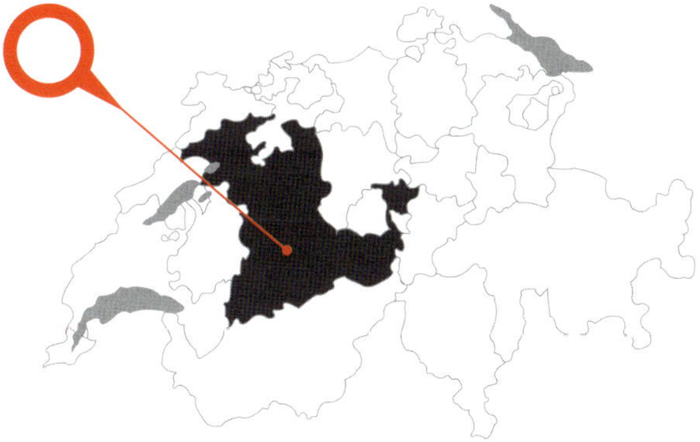

VÉLO À INTERLAKEN

Que faire d'autre dans le coin ? Soif d'eau ? Visez une excursion dans les gorges de l'Aar près de Meiringen, ou aux chutes de Reichenbach. Ou optez pour une croisière sur le lac de Brienz dans un bateau à vapeur restauré.

Avec des enfants ? Percez les mystères du monde en famille au JungfrauPark Interlaken, ou jouez aux détectives au Musée Sherlock Holmes de Meiringen.

EXPLORER UN MONDE SOUS-TERRAIN

Au bord du lac de Thoune, il est possible de s'aventurer dans les entrailles de la Terre... Les grottes de saint Béat (Beatushöhlen) ont été aménagées pour accueillir les visiteurs, dans un tronçon d'un kilomètre. Le reste des galeries, longues de quatorze kilomètres, ne sont pas accessibles au public.

Le site permet d'admirer des cascades souterraines ainsi que des stalactites et stalagmites, dans un décor hors du temps. En prime, les lieux hébergent la cellule du moine irlandais saint Béat, qui selon la légende chassa le féroce dragon installé dans la grotte. Sur place se trouvent aussi un site préhistorique et le Musée des grottes, dédié à l'histoire de la spéléologie. Le lieu est ouvert de fin mars à fin octobre ; il se visite librement ou durant une visite guidée de 75 minutes. Attention au coup de froid : la température oscille entre huit et dix degrés seulement !